GUADAGNARE CON INTERNET

La guida aggiornata su come crearsi uno stipendio in rete

Se sei come ogni altro essere umano, sogni una vita di svago e piacere.

Una vita ricca di agiatezza e mezzi finanziari, piuttosto che piena di stress, bollette, preoccupazioni, e una paura latente di un collasso finanziario tuo e della tua famiglia.

Tuttavia, ottenere ciò che oggi si usa definire "libertà finanziaria" non è impresa da poco.

Molti ci hanno provato; pochi ci sono riusciti.

Tuttavia, il percorso verso la fortuna e il successo è aperto a qualsiasi uomo o donna "di buona volontà" (e la definizione che ho usato non è un semplice luogo comune, un modo di dire, bensì identifica coloro che possiedono la dote principale per riuscirci: la voglia di fare, di lavorarci con convinzione).

Esiste la possibilità per qualsiasi persona, indipendentemente dalla sua età, dal colore della sua pelle, dalle sue credenze religiose, dalla sua attuale situazione economica, istruzione o qualsiasi altra cosa, di generare un reddito e generare una notevole quantità di denaro online.

Naturalmente stiamo parlando (e tutto questo libro è improntato a tale principio fondamentale) di <u>attività improntate alla massima onestà: alla sincera e trasparente offerta al pubblico di prodotti buoni e servizi onesti</u>.

Tutti ricordiamo quella che forse è stata la truffa online più famosa: la truffa cosiddetta "nigeriana".
Un principe nigeriano invia un email a un certo numero di utenti casuali, implorandoli di aiutarlo a far uscire dalla Nigeria milioni di dollari di una sua non meglio identificata riserva finanziaria, che altrimenti gli verranno sottratti dal fisco o da un non meglio precisato regime autoritario.
Il destinatario dell'email ci casca, offre l'appoggio del suo conto corrente bancario, in cambio della promessa di ben il 20% del capitale in procinto di essere trasferito, che è, poniamo caso, 20 milioni di dollari.
Al malcapitato, speranzoso di incassare questa manna caduta dal cielo, a conti fatti 4 milioni di dollari, viene richiesto di inviare, solo per dimostrare l'esistenza del suo conto, un bonifico di 2.000 euro al conto corrente di un sedicente notaio nigeriano, il quale, a suo dire, li custodirà per poi restituirli nel contesto del prossimo invio dei 20 milioni di dollari.
Non vorrei abusare dell'intelligenza di chi legge pre-

cisando quale sarà la fine alla quale sono destinati quei poveri duemila euro...

Ecco, come usa dire, "patti chiari e amicizia lunga": in questo libro non troverete una sola virgola che possa ispirare operazioni del suddetto genere.
Qui si parla di fare online operazioni oneste per guadagnare onestamente.

Chiaramente, guadagnare online non è un'impresa semplice.
Se lo fosse, il mondo sarebbe pieno di quelli che vengono definiti "i milionari del dot-com".

Se fosse davvero così facile arricchirsi nella vita facendo clic su alcuni pulsanti, digitando alcune righe di codice e inviando diverse dozzine di e-mail, quasi tutte le sacche di disoccupazione sarebbero già state riassorbite, e i flagelli economici cui è purtroppo soggetto il mondo del lavoro sarebbero già stati debellati da tempo.

La dura realtà e verità è che per guadagnare online, è necessario dare alle controparti valore reale.

E'una strada che può condurre a saltare oltre la pena di dover attendere che qualcun altro ti conceda l'assunzione, o a evitare di dovere indebitarsi per aprire un negozio fisico o qualche altra attività, ma è lastricata di lavoro, e va percorsa munendosi di valore reale da dare agli altri, sia esso in forma di prodotti o di servizi che si offre pescando dalla propria professionalità o dalle proprie abilità.

Va, inoltre, percorsa munendosi di alcuni strumenti fondamentali, che definirei "di sopravvivenza", senza i quali il rischio di cadere in qualche trappola mortale già nella prima fase del percorso diventa altissimo.

Il più importante di tali strumenti è rappresentato dall'identificazione di fonti informative attendibili, che aiutino a identificare in rete, allo scopo di evitarli, i cosiddetti "sistemi", ben architettati allo scopo di accalappiare allocchi in attività a pagamento che promettono (naturalmente senza mai mantenere la promessa) realizzi astronomici con minimi investimenti.

I realizzi astronomici ci sono, certo, ma per gli inventori del sistema, e corrispondono alla somma di tutti gli importi ingenuamente versati da coloro che ci sono cascati.

Un altro strumento fondamentale del quale munirsi nell'intraprendere il percorso verso l'autonomia finanziaria online è il realismo; la consapevolezza del fatto che la pesca miracolosa esiste solo nelle Sacre Scritture.

In poche parole, nessuno si aspetti di creare un blog e classificarsi nel giro di una settimana in cima a Google, magari implementando un sistema di quelli sopra citati, in grado di generare centinaia di migliaia o milioni di dollari nel giro di un mese.

No, baby, non funziona in questo modo.

Ci vogliono professionalità, metodo, costanza, e soprattutto, non mi stancherò mai di sottolinearlo, onestà.

Dalle parti dove sono nato, i vecchi dicevano che le persone sono come i fiammiferi: le freghi una volta, poi non le freghi più.
Se vuoi vivere del tuo lavoro in internet, devi costruire fiducia intorno al tuo nome e alle tue attività.

E' necessario fornire valore reale dalle quali le persone possano trarre beneficio.
Dirò di più: soprattutto in fase di partenza è necessario un atteggiamento quasi altruistico, predisposto a fare la maggior parte del lavoro per il minimo ritorno iniziale.

Intraprendere un'attività remunerativa sul web potrebbe non richiedere un capitale finanziario ai fini del suo avvio, mentre è necessario disporre di un capitale assolutamente necessario e fondamentale senza il quale è meglio neanche provarci: la voglia di lavorare.

Questo libro ti offre una vision seria e realistica su come puoi guadagnare online oggi; una guida aggiornata per analizzare, scegliere e perseguire il metodo giusto per te.

Aspettati un percorso impegnativo al pari di tutti quelli alla fine dei quali ti aspettano risultati importanti, come un diploma, una laurea, una serie di allenamenti volti al conseguimento di un importante risultato sportivo.

Munisciti di una scrivania solida, perché potresti ritrovarti a batterci sopra i pugni per la frustrazione, chiedendoti quando cavolo accadrà ciò per cui stai lottando.

La differenza tra quelli che hanno successo con qualsiasi tipo di attività online e quelli che falliscono è l'approccio mentale: se speri di avere risultati eclatanti già la prossima settimana, hai già perso.

Se affronti questa fase della tua vita professionale con l'approccio del muratore, che costruisce la casa a partire dalle fondamenta, poi procede con i muri maestri, poi con il tetto e poi con tutto il resto, non aspettandosi di vederla finita in due settimane, sei sulla strada giusta per il successo e per la tranquillità finanziaria.

Sai come si chiama il tuo più grande nemico? Impazienza.

Fai conto di essere uno scalatore; l'impazienza è la frana che in un secondo può farti cadere nel crepaccio.

Se pensavi che aprendo questo libro avresti trovato la ricetta per essere milionario già il prossimo mese, devo purtroppo farti presente che l'unico modo per riuscire in quel tipo di impresa è acquistare un po' di "Gratta e Vinci" e sperare di pescare quello giusto.

Ma ora, finalmente per me, che non la vesto mai volentieri, è arrivato il momento di togliermi la casacca da saggio ieratico e prodigo di moniti scomodi, per affrontare nel concreto alcuni concetti fondamentali del reddito online.

REDDITO PASSIVO E REDDITO ATTIVO

Concetto propedeutico a qualsiasi altro è quello della differenza tra reddito attivo e reddito passivo.
Questa distinzione sarà fondamentale per la tua capacità di produrre capitale serio sul web.

Il reddito passivo è quello che viene generato per te anche mentre stai dormendo, stai facendo una nuotata in piscina, stai giocando a pallone con tuo figlio, oppure stai preparando dei deliziosi manicaretti al barbecue per la tua famiglia.

Ma come, caro Max, tu mi dirai, mi hai appena fatto "una capa tanta" come dicono nella bella Napoli, per convincermi che per arrivare ai risultati in rete ci vogliono lacrime e sangue, e ora mi parli di un reddito che si produce per me mentre io mi rilasso, mi sollazzo, dormo, oppure nuoto in piscina?

Eh, amico mio, ma per produrlo, le lacrime e il sangue li hai versati prima di sollazzarti…

Il reddito passivo viene costruito prima che esso inizi a prodursi, preparando pazientemente una struttura online che una volta avviata generi quotidianamente dei guadagni per chi l'ha costruita.

Esempi di strutture online produttrici di reddito passivo:

- Siti per l'incontro tra la domanda e l'offerta di operazioni immobiliari e affitti – Chiaramente l'avvio di questa tipologia di attività richiede un minimo di capitale finanziario, e non è semplice. Stiamo certamente parlando di siti attraverso i quali si può offrire al pubblico la possibilità di mettere in vendita un immobile, ma anche di quelli atti a porsi in posizione intermediaria nel mercato del bed & breakfast. Quest'ultimo tipo di attività, anche se richiede impegno in fase di organizzazione della manutenzione delle abitazioni offerte, rientra a buon diritto nella categoria del reddito passivo.

- Dividendi da azioni – I dividendi sono un'ottima fonte di entrate passive perché ti pagano su base periodica. Sebbene sia necessario possedere una notevole quantità di azioni affinché ci sia un reddito notevole. Questa va considerata un'attività non solo impegnativa in termini finanziari, ma anche in termini di conoscenza pregressa del mercato e delle tecniche di investimento. In altre parole, se non hai una buona conoscenza del funzionamento della Borsa, non ti consiglio di investire in questo tipo di soluzioni i tuoi risparmi, perché le grida di gioia a cui aspiri potrebbero tradursi ben presto in amare lacrime.

- Vendite di libri e audiolibri – Sai scrivere e hai storie da raccontare? Oppure argomenti sui quali incentrare dei saggi che possono essere utili al pubblico? Hai una bella voce e sai leggere testi in modo comunicativo ed elegante? La produzione di ebook ed audiolibri potrebbe essere la tua strada; poco costosa in termini di avvio e, tra l'altro, molto divertente.

- L'email marketing: costruire una propria lista di email di destinatari ai quali si sia autorizzati a inviare messaggi pubblicitari è una strada molto efficace per costruire un reddito costante e lavorare a una fidelizzazione della propria clientela. Presuppone la costruzione di un sito di e-commerce e, naturalmente, la disponibilità di un proprio catalogo di prodotti da vendere. L'argomento è vastissimo, e ne parlerò in un altro volume che vi invito a cercare.

- Corsi online: creare un corso online è un ottimo modo per guadagnare online, ma nella stragrande maggioranza dei casi non aspettarti di diventare ricco facendolo. Esistono, nel vasto mondo, anche coloro che sono diventati milionari producendo corsi online, ma tra tutti coloro che ci hanno provato incidono per lo 0,000001% (uno su un milione). Come in qualsiasi altro settore, anche in questo la concorrenza è vasta e agguerrita. Se vuoi intraprendere questa strada, sappi che uno degli strumenti che eventualmente ti consentiranno di avere successo sarà il livello di qualità di ciò che offrirai ai tuoi potenziali studenti.

E molte, molte altre tipologie di attività online che richiedano un forte impegno in fase di costruzione, ma successivamente solo un modesto impegno in fase di manutenzione, mentre produrranno reddito.

Mentre, come abbiamo detto, il reddito passivo ha un rapporto indiretto tra il lavoro impiegato a costruirlo e la produzione reddituale che ne è conseguita, il reddito attivo è caratterizzato, invece, da un rapporto diretto tra lavoro erogato e guadagni realizzati; più tempo si lavora, più si guadagna.

Gli esempi di reddito attivo in internet possono essere intuitivi: servizi erogati via internet, quali segreteria a distanza, traduzioni, lezioni, consulting professionale, e via discorrendo.

Il reddito attivo, secondo le statistiche 2021 dei siti più specializzati in questo tipo di monitoraggio, rappresenta il 60% dei guadagni realizzati da chi lavora online, anche se è necessario sottolineare che il 40% del reddito passivo è concentrato in un numero

notevolmente inferiore di soggetti.
In altre parole, la maggioranza di coloro che vivono grazie a un lavoro online è composta da lavoratori e professionisti che hanno trovato il modo di erogare le loro prestazioni attraverso internet, ma i veri ricconi della rete nascono nell'ambito del reddito passivo.
Tra essi vi sono i più bei nomi tra i leggendari paperoni di internet, a partire da Jeff Bezos, l'inventore di Amazon, a Jack Ma Yun di Alibaba, per passare attraverso l'iraniano naturalizzato statunitense Pierre Omidyar, fondatore di Ebay, e tanti altri geniali personaggi che, oltre all'indubbio sale in zucca del quale Madre Natura li ha abbondantemente dotati, hanno avuto anche la fortuna di trovare, nella vita, quella che gli americani chiamerebbero "sliding door" (porta scorrevole) aperta al momento giusto, al fine di cogliere al volo la loro opportunità.

Pertanto, spero che ora un concetto ti sia chiaro:
Se vuoi diventare ricco sfondato, non puoi che ambire a un reddito passivo.
Se vuoi onestamente e dignitosamente campare del tuo lavoro online, devi costruirti un reddito attivo.

Dal momento che la costruzione di un reddito passivo esige sempre un'idea potente e innovativa da sviluppare e realizzare, come un nuovo servizio online o una proposta social ancora non sviluppata da altri, io suggerisco sempre un approccio misto, graduale e progressivo alla vita professionale online.
Raccogli tutte le tue abilità professionali nel mondo

reale, e cerca di portarle online per costruirti, intanto, un reddito attivo che ti faccia da bombola d'ossigeno quotidiana.

Non abbandonare, per questo, una tua aspirazione a un reddito passivo, e quindi non smettere di essere curioso, interessato a tutti i fatti della società, affamato di novità, e soprattutto un po' "pazzo", predisposto al pensiero cosiddetto "laterale", non convenzionale, per trarre ispirazioni che possano condurti all'idea esplosiva.

Insomma, come diceva il grande e compianto Steve Jobs "stay hungry, stay foolish" (sii sempre affamato, sii sempre un po' folle".

IL REDDITO ONLINE ATTIVO,
OVVERO LE FORME DI ATTIVITA' ONLINE A PIU' ALTA PROBABILITA' DI RIUSCITA

Monetizzare la propria presenza sui social media

I social media hanno trasformato il modo in cui comunichiamo su Internet e hanno offerto a tutti una piattaforma per esprimere la propria opinione.

Se sei attivo su un servizio come Instagram o Twitter, potresti prendere in considerazione la possibilità di monetizzare la tua presenza sui social media.

Un modo per farlo è promuovere prodotti e servizi di altre aziende. I messaggi sponsorizzati sono comuni sui social media e di solito sono taggati con #sponsorizzato e #annuncio in modo che gli annunci pubblicitari possano essere identificati.

Gli inserzionisti cercano coinvolgimento con i tuoi follower, quindi devi assicurarti che i prodotti sponsorizzati siano pertinenti, ed essere creativo nei modi che escogiti al fine di promuovere l'azienda.

I marketplace di influencer come Aspire IQ e Upfluence sono un ottimo punto di partenza per trovare sponsorizzazioni in quanto ti danno accesso a migliaia di potenziali aziende, ma dovresti anche cercare di lavorare direttamente con le aziende stesse.

In alternativa, puoi utilizzare la tua presenza sui social media come trampolino di lancio per lanciare i tuoi prodotti.

Ad esempio, se pubblichi molto sul fitness, potresti vendere prodotti correlati al fitness come magliette, barrette proteiche e integratori.

Altri scelgono di utilizzare i social media per promuovere corsi online e i loro blog personali (a loro volta veicolo di contenuti sponsorizzati).

Sia che tu venda annunci pubblicitari direttamente sul tuo blog, sia che lo utilizzi come piattaforma per promuovere i tuoi altri interessi, riservando i contenuti sponsorizzati ai più dinamici e interattivi account social, l'obiettivo è quello di intrattenere i tuoi follower pur continuando a guadagnare, pertanto la creazione di contenuti interessanti per accattivarsi l'attenzione dei follower e dei potenziali tali è assolutamente irrinunciabile.

Eseguire micro incarichi

Vuoi guadagnare con le tue abilità? Ecco un modo rapido e concreto per arrivare in modo relativamente rapido ai risultati.

Non ci diventerai ricco, ma da questo tipo di attività potrebbero arrivare quanto meno risultati tangibili in grado di portare tranquillità economica nel tuo vivere quotidiano.

Un modo comune per iniziare a guadagnare online è vendere i tuoi servizi su un micro mercato del lavoro come Fiverr. Questo marketplace consente a chiunque di vendere servizi digitali in una serie di categorie diverse come grafica, design, scrittura, video, musica, affari, stile di vita e altro ancora.

I micro mercati del lavoro sono stati uno spin-off, un'evoluzione collaterale dei marketplace di liberi professionisti utilizzati dalle aziende.

Come nella distinzione usuale sul mercato del lavoro statunitense, l'offerta di lavoro in internet si distingue tra "jobs" e "jigs".

"Job" sta per lavoro temporaneo o permanente, comunque sorretto da un contratto che preveda un impiego continuativo almeno per un periodo di tempo consistente.

"Jig" sta per incarico occasionale: io ho un certo lavoro grafico o informatico da realizzare, e conferisco l'incarico a te, limitatamente a quel solo incarico e stabilendo un prezzo definito.

Nel settore dei micro-incarichi come quello appena citato intervengono i marketplace professionali come Fiverr, il quale si fa carico di esporre le tue capacità ai potenziali fruitori, di metterti in contatto con essi, e di tutelarti al 100% per quanto riguarda il pagamento che ti spetterà.

Quando il tuo cliente ti ordinerà un lavoro, Fiverr chiederà al cliente il pagamento in anticipo, e poi lo rilascerà a te a lavoro consegnato.

Ad esempio, potresti offrirti di scrivere dei post su blog di altri, progettare un logo, scrivere messaggi per la campagna sui social media di un'azienda o produrre un breve video per YouTube.

L'idea generale è che guadagni da molti piccoli lavori piuttosto che da un unico grande lavoro.

Tieni presente, tuttavia, che i siti Web di micro-lavoro come Fiverr possono essere estremamente competitivi. Pertanto, all'inizio, potresti dover ridurre le tariffe fino a quando non ti stabilirai come un libero professionista affidabile.

E' la legge del mercato, e un libero professionista è soggetto solo a quella.

Testare siti Web e app per altri

Un altro modo per fornire approfondimenti alle aziende è testare l'esperienza utente di siti web e app.

In qualità di tester, in genere ti verrà richiesto di scaricare un'applicazione di test sul tuo computer, tablet o smartphone. Ti verrà quindi chiesto di eseguire una serie di attività, con la maggior parte dei test che richiedono da 10 a 20 minuti per essere completati.

Ad esempio, ti potrebbe essere chiesto di trovare un prodotto in un negozio online e di completare la procedura di pagamento.

Non preoccuparti, non dovrai comprare nulla.

Farai dei test su siti web e applicazioni, di modo che gli sviluppatori possano risolvere i problemi di usabilità e migliorare l'esperienza utente per i clienti.

Gli importi che potrai guadagnare da questo tipo di attività varieranno da servizio a servizio.

TestingTime, ad esempio, afferma che puoi guadagnare € 60 all'ora, mentre UserTesting, UserFeel e TryMyUI affermano che puoi guadagnare € 10 per ogni test effettuato.

Testare siti web e app non ti renderà milionario, ma è un modo semplice per guadagnare qualche soldo in più.

Avviare un blog

Sondaggi e test online possono darti un assaggio di che vuol dire guadagnare in rete; tuttavia, se sei alla ricerca di qualcosa di più costante, dovresti consolidare un'attività online di tua proprietà.

In questo senso, una delle strade che ti consiglio di esplorare è il blogging.

A differenza di altri tipi di siti web, non è necessaria alcuna esperienza tecnica per avviare un blog.

L'unico ingrediente fondamentale di cui devi disporre in abbondanza è l'essere appassionato di qualcosa, e aver voglia di raccontare la tua passione, di fornire tutorial, di volerne discutere con gli altri.

L'intero processo di creazione di un blog è semplice. Tutto quello che devi fare è selezionare un'applicazione di blogging (il mio consiglio è Wordpress), registrare un nome di dominio e quindi scegliere una società di hosting.

I blog possono essere monetizzati in molti modi diversi.

Se riesci nell'impresa di consolidare un consistente pubblico di lettori, puoi vendere spazi banner e spazi pubblicitari alle aziende; tuttavia personalmente ho trovato che il marketing di affiliazione sia più redditizio. Devi solo selezionare buoni prodotti che paghino una commissione equa, e creare contenuti di qualità attorno ad essi.

Un blog è anche la piattaforma perfetta per lanciare i tuoi prodotti.

Che si tratti di e-book, servizi riservati ai membri, magliette o altro, puoi utilizzare un blog per creare entrate sostenibili a lungo termine e promuovere tutti i tuoi progetti online.

Costruire un sito web di affiliazione

I principi della creazione di un blog di successo possono essere utilizzati per creare un sito Web di affiliazione redditizio.

Ciò comporta la creazione di contenuti accattivanti, il marketing del tuo sito e l'adesione alle linee guida per il ranking dei motori di ricerca.

A differenza dei blog, con un sito web affiliato stai orientando tutto verso prodotti specifici.

Questo è il motivo per cui la maggior parte dei siti affiliati contiene recensioni di prodotti.

Le persone che cercano un particolare prodotto hanno maggiori probabilità di acquistarlo dopo aver letto una recensione informativa e positiva, quindi le probabilità di ottenere una commissione di riferimento su quella vendita aumentano notevolmente, seguendo il metodo di offrire recensioni al pubblico.

Sebbene sia utile conoscere un prodotto in prima persona, puoi scrivere buone recensioni di prodotto assumendo altri per scrivere per te, o riassumendo ciò che altri esperti (di cui tu ti fidi) hanno scritto.

Ci sono milioni di prodotti venduti online, quindi le opportunità di guadagnare da un sito web affiliato sono virtualmente illimitate.

Le aziende elencano le opportunità di partnership per i loro prodotti su reti di affiliazione o tramite il proprio programma di affiliazione interno.

Centinaia di migliaia di programmi di affiliazione sono disponibili online, ma un buon punto di partenza è il programma Amazon Associates, o l'iscrizione a Clickbank, una vera e propria miniera di contatti per chi vuole iniziare un'attività di affiliate marketing.

Sebbene il tasso di commissione di Amazon sia basso rispetto ad altri programmi di affiliazione, la sua piattaforma tende a convertire meglio, grazie alla fedeltà al marchio assicurata dagli acquirenti assidui.

Avviare un negozio online

Secondo il Sole 24 Ore, la spesa per l'e-commerce in Italia è stata di circa un miliardo di euro nel 2020, e si prevede che crescerà ulteriormente nei prossimi anni.

È un mercato enorme, nel quale è molto saggio cercare di conquistare un proprio posticino sin da subito.

Come ci si aspetterebbe, costruire un negozio online di successo richiede molto duro lavoro, quindi potrebbero volerci diversi mesi prima di iniziare a realizzare un sano profitto mensile.

Preparati osservando come gli altri hanno costruito negozi di successo nei settori nei quali ti senti versato e interessato, e conduci un'accurata ricerca su quali prodotti sia più opportuno vendere, chi sono i tuoi concorrenti e chi è il tuo pubblico di destinazione.

Sono disponibili in rete molte ottime piattaforme di shopping eCommerce attraverso le quali potrai realizzare il tuo shop online, ma le due che principalmente consiglio di approfondire sono Shopify e WooCommerce.

Shopify è una soluzione di shopping online per utilizzare la quale non ti è necessario possedere un sito internet, con soluzioni ospitate sui loro server che prevedono un costo mensile a partire da circa € 30 al mese nel momento in cui questo libro va in stampa.

Il servizio gestisce tutto per i proprietari dei negozi online ospitati, e oltre ad avere una grande selezione di temi, risolve alla radice in modo molto comodo uno dei nodi più impegnativi e ostici nell'allestire un e-commerce: il pagamento, ovvero la cosiddetta "payment gateway", disponibile sin dall'avvio dello shop a tutti i sottoscrittori, ed equipaggiata dei più vari canali; dalle carte di credito, a Paypal, a molti altri sistemi di pagamento online di livello internazionale.

WooCommerce è un plugin per WordPress che è cresciuto fino a diventare la soluzione di e-commerce più popolare che si possa trovare oggi in rete.

Il plug-in può essere scaricato gratuitamente, tuttavia, in questo caso, dovrai realizzare in proprio il tuo negozio online, possedere un dominio, costruire un sito Wordpress e provvederti in prima persona di tutti i canali di pagamento che ti saranno necessari per finalizzare le tue vendite.

Qualora tu non sia, in prima persona, un bravo sviluppatore web, l'operazione potrebbe costarti ben più della semplice sottoscrizione a Shopify.

Il vantaggio, tuttavia, di possedere un proprio sito, è quello di avere nelle proprie disponibilità un asset reale, costituito dal sito e dalla authority crescente del dominio di riferimento, che un giorno avrà un suo valore finanziario, esattamente come un negozio fisico, e che potrai vendere a terzi nel caso tu non voglia più gestirlo, magari realizzando una consistente cifra dalla vendita.

Vendere prodotti su Amazon,
eBay, Etsy e marketplace simili

Quando avvii un negozio online, devi dedicare del tempo all'amministrazione del negozio.

Tuttavia, per trovare clienti, devi anche pubblicizzare il tuo negozio e i suoi prodotti.

Questa è una prospettiva piuttosto laboriosa, a meno che tu non disponga di un budget elevato per una campagna pubblicitaria, o una piattaforma per promuovere i tuoi prodotti come un blog, o un account di social media con un seguito consistente.

Se vuoi iniziare a guadagnare più velocemente, potresti prendere in considerazione la vendita di prodotti su un marketplace come Amazon, eBay o Etsy.

Marketplace come quelli citati, e in generale i siti di aste, sono competitivi, ma gli ostacoli per iniziare sono veramente minimi.

Su eBay, per prendere confidenza con il contesto in cui andrai a operare, puoi addirittura iniziare provando a vendere cose vecchie che hai in casa e che non usi più. Questo ti permetterà di iniziare a prendere confidenza con lo strumento.

I venditori più esperti in ambito internet tendono a utilizzare il dropshipping, vale a dire un modello di vendita secondo il quale chi possiede il sito web o la app pubblicizza il prodotto, e una volta ottenuta la vendita gira al produttore l'onere di impacchettare e spedire il prodotto all'acquirente in una confezione che sembrerà spedita dal venditore in persona.

Il vantaggio di chi vende, in questo caso, è il cosiddetto mark-up.

Io venditore vendo il prodotto a venti, giro l'ordine a te produttore che mi addebiti quindici e spendi il prodotto all'acquirente.

Il vantaggio del venditore, in questo caso, è il mark-up di cinque euro; il vantaggio del produttore è quello di non doversi curare del marketing.

Se consideriamo che per alcune categorie di prodotti il mark-up può essere di centinaia di euro, capirai bene come il dropshipping possa essere una solidissima prospettiva di attività online.

A questo vasto argomento dedicherò un volume che ti invito a cercare.

Creare una bacheca di annunci di lavoro

Qual è il miglior tipo di sito da realizzare per guadagnare online?

Sono certo che, ponendo questa domanda a diversi esperti di marketing online, la risposta "una bacheca di annunci di lavoro" sarebbe in fondo alla lista, e invece ci sono molti potenziali guadagni da fare con le bacheche di annunci di lavoro.

Questo tipo di siti attira fisiologicamente molte persone in cerca di un lavoro, quindi molti visitatori ai quali si possono mostrare i più disparati annunci pubblicitari, che possono essere "conto terzi" oppure concepiti per pubblicizzare altre proprie attività.

La parte più difficile del lancio di una bacheca di lavoro è attirare le aziende a pubblicare le posizioni disponibili, e quindi stabilirsi quali intermediari di comunicazione tra l'offerta e la domanda.

Per iniziare, potresti ripetere gli annunci di lavoro presenti su altri siti, anche perché è impossibile avviare una bacheca di annunci di lavoro con un numero di annunci che si può contare sulle dita di due mani.

Le bacheche di lavoro sono un progetto interessante a lungo termine poiché una volta avviate richiedono pochissima manutenzione al fine di essere mantenute attive e produrre guadagni.

Le ho comunque qui classificate nell'ambito del lavoro diretto, in quanto, vista la delicatezza dell'argomento, richiedono un occhio quotidiano, se non altro ispettivo, da parte dei realizzatori e dei proprietari.

Creare un forum di discussione

Fino alla metà degli anni 2000, i forum di discussione erano uno dei luoghi più comuni in cui gli utenti della rete potevano incontrarsi e comunicare tra loro.

I forum sono meno comuni oggi, in conseguenza della popolarità dei social media, ma possono comunque essere estremamente redditizi per la loro possibilità di consentire a molti utenti di focalizzare la propria discussione su argomenti specifici.

Molti grandi forum di discussione continuano a essere monetizzati da banner pubblicitari e annunci sponsorizzati dai partner, ma negli ultimi dieci anni abbiamo anche assistito alla comparsa di altri forum di discussione privati.

Spesso, i forum di discussione privati addebitano ai membri una tariffa mensile o annuale di accesso, e sono comunque molto frequentati, per la possibilità in essi contenuta di ottenere informazioni chiave su argomenti molto specialistici, altrimenti non reperibili sui social o attraverso semplici ricerche in Google.

Ovviamente, non puoi semplicemente avviare un sito web di forum e aspettarti che i soldi inizino ad arrivare.

Devi invogliare le persone a iscriversi al tuo forum di discussione privato, offrendo qualcosa che non possono trovare altrove.

Qui il solo limite può essere la tua fantasia; è strettamente necessario che tu aguzzi il tuo ingegno per ricercare nelle più disparate espressioni sociali i bisogni informativi che la comunità esprime, e nel contesto di essi lavorare per costruirti nuove opportunità

In ordine a incrementare più facilmente il popolamento dei forum, la soluzione migliore è una combinazione di accesso gratuito e premium.

Mantenendo la registrazione gratuita, si può incrementare il numero di persone che si uniscono alla comunità. I membri possono quindi sbloccare funzionalità e autorizzazioni aggiuntive qualora sottoscrivano un abbonamento premium.

Creare un elenco di email marketing

Ti sei mai chiesto perché tutti i principali negozi online, blog o community vogliono che tu ti iscriva alla loro newsletter?

Una lista email di clienti, o potenziali tali, è uno strumento di vendita estremamente potente; ti permette di informare in tempo reale tutti i tuoi contatti a proposito di nuovi prodotti, aggiornamenti a prodotti esistenti, o altri fatti relativi a te stesso o alla tua azienda che possano creare interesse positivo e nuove vendite.

Anche se non disponi di un sito web, puoi comunque trarre profitto dalla creazione di un elenco di email marketing semplicemente promuovendo le tue offerte, oppure le offerte di affiliazione mirate.

Puoi anche usarlo per costruire il tuo profilo su YouTube, Twitter, Instagram e altro ancora.

Se stai costruendo la tua lista di e-mail da zero, potresti prendere in considerazione l'utilizzo di un servizio come MailChimp, poiché i primi 2.000 abbonati sono gratuiti.

Man mano che la tua lista cresce, il costo mensile per mantenere la tua lista di email su MailChimp diventa simile a quello di altri servizi di email marketing, come Sendinblue e GetResponse.

L'approccio alla gestione di un servizio di email marketing è relativamente semplice: dopo aver creato un modulo di iscrizione alla newsletter, puoi promuoverlo sul tuo sito web, sul tuo negozio online, sul tuo blog e sui tuoi account di social media. Ciò contribuirà ad aumentare le iscrizioni alla tua lista.

Sviluppare un sito web con contenuti per membri premium

Se hai quello che serve per gestire un blog di successo, hai anche quello che serve per costruire un buon sito web con accessi premium.

Come accade anche per i blog, la chiave per un sito di appartenenza di successo sono i buoni contenuti; naturalmente la differenza di fondo tra i blog e i siti ad accesso premium è che la maggior parte dei contenuti interessanti in un sito premium sono accessibili solo ai membri abbonati.

Una buona regola di marketing, tuttavia, è quella di offrire alcuni contenuti interessanti anche agli utenti gratuiti, allo scopo di invogliarli a sottoscrivere un abbonamento.

Un abbonamento completo può includere recensioni dettagliate, tutorial scritti e video approfonditi, accesso a un team di supporto esperto o a una community, ebook gratuiti e altro ancora.

WordPress è una buona piattaforma per creare un sito Web di appartenenza, grazie al vasto numero di plug-in e temi disponibili che ti permetteranno di espandere e arricchire le funzionalità del tuo sito.

Produrre un podcast

Hai qualcosa da dire? Pensi di poter produrre su base continuativa contenuti in grado di intrattenere, interessare, istruire o informare?

Se vuoi saltare oltre il mezzo della semplice scrittura, e hai buone capacità comunicative vocali, produrre un podcast potrebbe essere la tua strada per guadagnare online.

L'attrezzatura per produrre un podcast può non essere estremamente complicata o costosa. Oggi si vendono a meno di 200€ smartphone di ultima generazione utilizzando i quali si può generare un'ottima traccia audio.

Eventualmente, volendo evolvere con l'attrezzatura, ci si può munire di un ottimo microfono da collegare al pc per meno di 40€, e sono disponibili online diverse applicazioni a basso costo, o addirittura gratuite, che trasformeranno un semplice notebook in un vero e proprio studio di registrazione.

Riuscendo a fidelizzare un tuo pubblico, il tuo podcast potrà diventare per te il veicolo di prodotti affiliate, o semplicemente una base per pubblicizzare altre tue attività online, quali siti e-commerce, siti a iscrizione premium ecc..

Dal punto di vista tecnico, il podcasting non è un'attività che ti richiederà di sudare sette camicie per imparare a registrare contenuti, editarli e metterli online; tutto, una volta che lo avrai procedurizzato, risulterà abbastanza semplice e intuitivo.

Promuoversi come liberi professionisti

I marketplace per professionisti freelance sono un ottimo posto per trovare lavoro online.

Queste directory di lavoro elencano i lavori a contratto, i lavori part-time e i lavori a tempo pieno resi disponibili dagli inserzionisti.

La popolarità dei micro mercati del lavoro come Fiverr ha influenzato anche i mercati dei freelance, che sempre in maggior numero li frequentano alla ricerca di incarichi da svolgere sotto la tutela della piattaforma stessa, che garantisce loro il pagamento di quanto da loro svolto.

Dal data entry, allo sviluppo di progetti grafici, lo sviluppo di app e siti internet, la scrittura di testi per conto terzi, e molti altre tipologie di lavori, il panorama degli incarichi che vengono offerti su piattaforme come Upwork è vastissimo.

Esistono anche mercati freelance che si concentrano su nicchie specifiche. Ad esempio, il sito web di 99Designs elenca solo lavori di progettazione e sviluppo.

Il rovescio della medaglia è rappresentato dal fatto che anche in questo settore troverai una competizione altissima, ma ciò non deve essere per te motivo di scoraggiamento, anzi, una molla per affinare e migliorare ogni giorno di più le tue capacità professionali.

In fin dei conti, la competizione alla fine deve avere

dei vincitori, e tu hai le stesse possibilità degli altri di vincere la competizione. Basta impegnarsi tutti i giorni per tirar fuori il proprio potenziale.

L'approccio a questo tipo di attività potrà prevedere, in fase iniziale, un'autopromozione sulla piattaforma in grado di esporre chiaramente ai potenziali fruitori tutte le tue competenze, combinata con un'offerta economicamente in grado di risultare interessante se rapportata ai diretti concorrenti che troverai nel tuo stesso settore.

Non ti preoccupare: non sarai sempre costretto a svendere i tuoi servizi per primeggiare sugli altri.
Una volta che ti sarai affermato e avrai costruito la tua credibilità professionale avrai modo di essere più selettivo con la tua clientela, scegliendo gli incarichi per te più interessanti e remunerativi.

Il professionismo freelance online è comodo anche perché può essere svolto part-time, contemporaneamente ad altre attività che ti stanno dando risultati, o nelle quali hai ragionevolmente riposto molte speranze.

In fin dei conti, quando si lavora da libero professionista e quando si investe il proprio denaro, non vi è scelta più saggia di quella del diversificare le proprie attività in più settori, per non incorrere in situazioni drammatiche nel momento in cui uno di questi settori dovesse avere un crollo economico.

Scrivere libri

Quasi tutti hanno una storia da raccontare, o delle esperienze professionali da condividere.

Nell'era digitale, pubblicare un libro cartaceo o digitale è incredibilmente semplice.

Puoi pubblicare libri di qualsiasi lunghezza su argomenti come romanticismo, fantascienza, Storia, affari, istruzione e altro ancora.

I libri possono essere scritti in applicazioni di elaborazione testi come Microsoft Word e quindi caricati in delle piattaforme online (come Amazon o Il Mio Libro) per l'approvazione.

La maggior parte di queste piattaforme ti fornirà un modello in cui editare il tuo libro al fine di prepararlo per la stampa, o per la pubblicazione in forma di ebook, il che semplificherà l'intero processo.

Per esempio, la piattaforma Kindle Direct Publishing di Amazon è il modo perfetto per pubblicare un libro nella più grande libreria del mondo.

Puoi guadagnare fino al 70% del prezzo di vendita da te definito.

Gli autori conservano tutti i diritti dei loro libri e possono apportare modifiche ai libri pubblicati ogni volta che lo desiderano.

Proprio come costruire un blog o un sito web di appartenenza, scrivere un libro richiede molte ore di dedizione, che non è la sola virtù richiesta.

Naturalmente, il libro è uno strumento di comunicazione che sfrutta primariamente il mezzo della scrittura, della lingua.

Inutile quindi riaffermare quanto la perfetta padronanza della tua lingua madre in forma scritta sia strettamente necessaria, unitamente alla capacità di comunicare i concetti in un modo comprensibile alla maggior parte dei tuoi futuri lettori.

La pubblicazione di libri in veste di autore, oltre ad aumentare potenzialmente le tue entrate, nel caso in cui i tuoi libri trovino gradimento e successo tra il pubblico aumenterà notevolmente il tuo prestigio personale e professionale.

Tenere corsi online

Hai qualcosa di importante, da un punto di vista umanistico, scientifico, sportivo, hobbistico o professionale, da insegnare agli altri?

L'apprendimento online è un settore da miliardi di euro che continua a crescere ogni anno, e nel mondo si registrano alcuni casi di formatori online che guadagnano milioni di dollari dalle loro attività di insegnamento online (anche se la realtà quotidiana dell'e-learning è, per la maggior parte degli insegnanti, molto più "normale")

Rispetto ai siti web specializzati, i corsi online tendono ad essere più strutturati e si concentrano in forma didattica sull'insegnamento di una materia, avendo come obiettivo la realizzazione di un percorso che porti il discente a conseguire la perfetta conoscenza della materia stessa, se non addirittura un vero e proprio diploma o un'abilitazione professionale da spendere nel mondo del lavoro.

Ecco perché vi sono molte persone disposte a spendere per frequentare corsi online: per molti di loro non si tratta solo di concedersi un corso per conseguire ulteriori conoscenze, bensì di un investimento su se stessi per poi far fruttare il denaro speso ottenendo un impiego, o offrendo sul mercato servizi professionali, artistici o artigianali.

E non serve essere illustri professori per organizzare

corsi in rete.

Se hai un'abilitazione professionale da idraulico, qualche anno di esperienza sul campo, e una buona capacità comunicativa (non serve essere Fiorello, basta essere in grado di spiegare con chiarezza qualcosa a qualcuno), ecco che puoi cominciare a produrre delle lezioni video per insegnare ai tuoi futuri corsisti come si sostituisce un rubinetto, come si sgorga un lavandino o come si realizza un impianto per dei sanitari.
Puoi preparare i tuoi corsisti al vero e proprio ottenimento della relativa abilitazione professionale.
E così dicasi se sei un elettricista o un fornaio.

Hai frequentato l'istituto d'arte? Se sarai bravo a metter su un bel video corso di disegno vedrai quante persone troverai, desiderose di imparare a disegnare.

E non parliamo di coloro che vorrebbero imparare a far belle fotografie da chi ha delle ottime abilità di fotografo.

Non immagini quante persone, per motivi professionali o culturali, vorrebbero in questo momento imparare una nuova lingua, magari proprio quella in cui tu sei fluente.

Come dicono gli americani "sky is the limit", il limite è il cielo.

Esci su qualsiasi piazza il sabato mattina e guarda la folla di persone: in mezzo a loro ce ne sono moltissime che vorrebbero imparare le cose più disparate, rispondendo a un antico bisogno umano: quello di migliorare ogni giorno.

Si tratta di un mercato che negli anni passati si è molto affinato, pertanto se vuoi avvicinarti ad esso con delle probabilità di successo sii innanzitutto cosciente e sicuro di ciò che puoi dare agli altri; insomma, della qualità del prodotto che puoi offrire ai tuoi futuri allievi.

Su piattaforme di corsi online come Udemy, Treehouse e Skillshare, i corsi di successo tendono a includere decine di lezioni, ore di video, risorse scaricabili e altri supporti, essendo disponibili in un gran numero di lingue (compresa, naturalmente, quella italiana).

La piattaforma di corsi online Udemy dispone di oltre 100.000 corsi nella propria directory, e vanta milioni di iscritti.

È un enorme mercato a cui puoi attingere, ma tieni presente che, per esempio, Udemy prende una commissione del 50% per consentirti di vendere corsi. Ciò significa che nel momento in cui progetterai un corso da pubblicare dovrai farti bene "i conti in tasca", anche parametrando i tuoi potenziali netti ricavi al potenziale serbatoio di utenza al quale potrai aspirare.

Un modo per poter trattenere il 100% dei tuoi ricavi potrebbe essere quello di ospitare i tuoi corsi su un tuo blog, ma tieni presente che, per quanto ottime possano essere le tue capacità di pubblicizzarlo, arrivare alla visibilità in rete delle grandi piattaforme sarà molto difficile, se non impossibile.

Diventare assistenti virtuali

Il lavoro di segretariato d'azienda ha trovato, ormai da tempo, una sua dimensione virtuale.

Sempre più soggetti economici, tra aziende e professionisti (questi ultimi in misura maggiore) si rivolgono a piattaforme che possono fornire loro un vero e proprio servizio di segretariato da posizione remota, che svolga tutto ciò che un ufficio di segreteria svolgerebbe anche se presente fisicamente in ufficio.

Dalla ricezione e l'inoltro delle chiamate a un numero fisso (spesso a sua volta virtuale), allo smistamento delle email, alla manutenzione dell'agenda.

In talune soluzioni, vi sono servizi che si occupano persino di fornire ai professionisti una sede legale ad un indirizzo prestigioso, compresa la ricezione della posta e il suo eventuale inoltro all'indirizzo indicato dal professionista stesso.

In progressione, le attività di segretariato virtuale includeranno sempre più nuovi tipi di servizi, quali la gestione dei social media, la preparazione di rapporti come le meeting minutes, la ricerca su commissione di dati finalizzati ai leads, e molto altro.

Alcuni tra i servizi maggiormente presenti sul mercato italiano sono Pickcenter, Segreteria Remota, Kryva e Segretaria in Cloud, ma ne stanno nascendo altri che hanno trovato terreno fertile nel difficile periodo della pandemia e del doveroso distanziamento sociale.

Se senti che questo tipo di lavoro possa fare al caso tuo, se hai una predisposizione naturale al contatto con il pubblico, candidarti presso questi operatori non è una scelta sbagliata, e potrebbe trasformarsi per te in un impiego stabile.

In questi ambiti succede spesso che coloro che si siano distinti operando nel ruolo segretariale da posizione remota, vengano promossi all'interno della struttura a ruoli di maggior responsabilità, come i ruoli di coordinamento o quelli direttivi, con immancabili riflessi positivi sul loro stipendio.

Pubblicare video su YouTube

Per chi ha dentro molto da comunicare, e forse anche molto da insegnare, la produzione di video su Youtube può rappresentare una svolta di vita incredibilmente significativa, sia sotto l'aspetto personale, sia sotto l'aspetto economico.

Se ti è capitato di utilizzare Youtube sia sul tuo smartphone, sia sulla tua smartTV, ti sarai reso conto che una parte dei video è sponsorizzata da annunci pubblicitari.

Ecco, quegli annunci pubblicitari sono la fonte di guadagno principale dei cosiddetti Youtuber; loro pubblicano i video e Youtube inserisce nei loro video gli spot, girando loro una commissione in proporzione alle visualizzazioni conseguite.

C'è, tuttavia, un Ma…
E in quel "ma" sta tutta la differenza tra chi riesce a guadagnare con Youtube e chi non ne ricaverà mai un centesimo.

Per poter essere, come si dice in gergo, "monetizzati", i video devono sottostare a un paio di regole base poste da Youtube, che sono le seguenti:

- Essere contenuti (audio e video) originali, o comunque non coperti da copyright (ciò significa che i video devi averli prodotti tu in prima persona, o in subordine devi aver utilizzato

contenuti coperti da licenza Creative Commons, che è libera di diritti di proprietà altrui)
- Provenire da un tuo canale che abbia totalizzato almeno mille iscritti e 4.000 ore di visualizzazioni nell'arco degli ultimi dodici mesi

Quando il tuo canale ha raggiunto i suddetti requisiti minimi, puoi chiedere l'iscrizione al Programma Partner di YouTube (Google Adsense).

Generare entrate significative attraverso un canale YouTube è la conseguenza di grandi volumi di traffico, che possono arrivare solo dopo un certo tempo di gestione molto accorta e molto esperta del canale.

Tuttavia, esistono strategie addizionali per chi vuol iniziare sin da subito a monetizzare i propri video, in attesa dei grandi risultati che possono arrivare attraverso il Programma Partner.

E' sempre possibile, infatti, stringere contratti individuali con aziende dei più vari settori per la sponsorizzazione dei loro prodotti, come ad esempio:
- Se sei particolarmente bravo in uno sport (dal ciclismo, all'alpinismo, allo sci ecc..) puoi munirti di una telecamera tipo GoPro da installare sul casco, e filmare le tue prestazioni allo scopo di mettere i video su YouTube, per poi proporli ad aziende del settore per la loro sponsorizzazione (ricordo un mio amico, bravissimo nello sci, che si costruì un reddito mensile

facendosi sponsorizzare da un noto produttore di sci; gli fornirono gratuitamente i loro sci, e la GoPro, mentre filmava le sue discese, aveva sempre in primo piano e in bella vista il marchio degli sponsor impresso sulla punta degli sci. In questo caso il mio amico riuscì a costruirsi un vero e proprio stipendio mensile divertendosi come un matto e assicurandosi la salute con sport e montagna)

- Sei bravo in cucina? Youtube può essere il tuo trampolino di lancio, addirittura per la TV. Molti Youtuber della gastronomia non solo sono riusciti a monetizzare con ottimi risultati il loro canale, ma sono stati addirittura cooptati da canali TV di primissima importanza per transitare verso la notorietà del piccolo schermo.
- Sei bravo nel gaming? Accordandoti con i produttori di video giochi, puoi diventare tester/testimonial dei loro giochi aiutandoti con la pubblicazione delle tue sessioni di gioco su Youtube
- Ogni abilità, anche semplicemente quella di saper raccontare barzellette e di portare un po' di buonumore alla gente (in questo periodo ce n'è tanto bisogno) può costituire la tua fonte di guadagno su YouTube; dipende da quanta è la tua voglia di riuscirci e da quanto lavoro e impegno sei disposto a dedicarci

Per quanto riguarda il lato tecnico, non è mai stato così facile iniziare su YouTube, poiché la maggior parte degli smartphone e dei tablet oggi può registrare video in 4K e 1080P.

Puoi produrre risultati impressionanti con uno smartphone o un tablet posizionandoli su un treppiede, collegando un microfono per un audio migliore, e acquistando delle luci economiche da un negozio di bricolage locale per migliorare l'illuminazione. Pochi giorni prima di pubblicare questo libro, mi sono imbattuto, in un emporio cinese, in un set composto da treppiede con luce circolare led e supporto per smartphone o tablet, al quale era addirittura agganciata una comoda vaschetta porta trucchi, al prezzo di € 23.
Fantastico no?

In alternativa allo smartphone, puoi utilizzare applicazioni disponibili online anche gratuitamente, se non vuoi acquistare la loro versione premium, che ti permetteranno di raggiungere con il tuo pc risultati altamente professionali, come Screen-cast-o-matic o DaVinci Resolve.

Un consiglio: nel caso in cui dovessi avere la fortuna di riuscire nella monetizzazione dei tuoi video, dedica sempre una parte dei tuoi guadagni all'investimento in attrezzature sempre migliori: il 4K è già una realtà, e nel giro di poco tempo lo sarà anche l'8K.
Fatti trovare pronto.

Fare video editing per altri

L'editing è una parte importante della produzione di video per piattaforme come YouTube.

Con alcuni canali YouTube, il creatore di contenuti può impiegare, ad esempio, due ore a registrare un filmato, e poi dieci ore a modificare il video per la pubblicazione.

Se hai esperienza nella modifica di video, puoi guadagnarti da vivere modificando video per aziende, YouTuber, streamer di giochi e altro ancora.

I marketplace freelance sono un buon punto di partenza per cercare lavoro come editor video.

In quel tipo di contesti troverai molti proprietari di siti o di canali YouTube che cercano aiuto, in quanto è un'abilità che la maggioranza degli sviluppatori di siti e degli esperti di marketing in genere non ha.

Puoi anche trovare degli ottimi lavori da fare rivolgendoti direttamente a degli YouTuber e streamer di giochi, e offrendo loro i tuoi servizi.

C'è chi si è costruito un'ottima entrata mensile rivolgendosi ai migliori streamer di giochi su Twitch, offrendo loro di editare i loro migliori video di gioco per farne delle compilation da caricare su YouTube.

Diventare un tester di prodotto per i negozi online

Il test del prodotto dovrebbe essere considerato più un hobby o un passatempo che una carriera seria, ma può essere un bel modo per guadagnare un po' di soldi e magari ottenere alcuni prodotti gratuiti, il che non guasta.

In qualità di tester del prodotto, ti verrà chiesto di fornire un feedback prezioso all'azienda, su quelli che a tuo avviso sono i punti di forza e quelli di debolezza del prodotto.

Ogni azienda, naturalmente, ha il proprio insieme di regole e linee guida, e a queste ti verrà richiesto di armonizzare il tuo metro di valutazione.

Nel programma Nike Product Testing, ad esempio, ci si aspetta che tu restituisca i loro prodotti prima che ti venga inviato un altro prodotto per la revisione.

Al contrario, aziende come Philips ti permetteranno di tenere articoli più economici gratuitamente, ma ti offriranno gli articoli costosi, come le macchine da caffè, a un prezzo notevolmente scontato.

Per i prodotti più economici, spesso le aziende ti daranno carte regalo, o piccoli pagamenti per compensarti dei tuoi feedback.

Questa non è un'attività grazie alla quale sarai in grado di costruire uno stipendio mensile, ma potrebbe essere tuttavia fruttuosa e divertente, senza contare il fatto che i tester già operanti sul mercato, spesso si ritrovano con un surplus di prodotti gratuiti, che prontamente rivendono su Ebay, creando un'ulteriore piccola entrata.

Anche in questa attività devono sorreggerti il tuo buonsenso e la tua capacità di evitare le fregature.

Esempio: se in un oscuro email ti si propone di acquistare per soli 25€ un iPhone 12 (il cui prezzo, al momento in cui va in stampa questo libro, si aggira intorno ai 700-800€) solamente in cambio delle tue impressioni e della tua recensione sul telefono, sappi che aderendo all'"offerta", vedrai volar via dalla tua carta di credito molto più di 25€, e che non avrai mai ricevuto alcun iPhone anche quando questo sarà arrivato alla sua versione 20.

Come si fa a evitare eventualità così dannose e spiacevoli? Andando direttamente alla fonte e utilizzando i programmi di test di prodotto ufficiali.

Se cerchi online, scoprirai che la maggior parte delle grandi aziende ha un programma di test per prodotti in settori come cosmesi, abbigliamento, tecnologia, giochi e altro ancora.

Pur, come dicevo sopra, essendo questa una prospettiva non in grado di fornirti subito la possibilità di costituire un tuo stipendio in rete, l'entrare in contatto quotidiano con le aziende, e acquisire un rapporto di confidenza e cordialità con le loro strutture di marketing, potrebbe in futuro procurarti opportunità di lavoro inaspettate; come si suol dire, mai porre limiti alla Provvidenza.

Vendere foto e video ai siti di stock

Sei un bravo fotografo?

Anche se non lo fai per professione, i tuoi amici e parenti ti attestano sempre il loro gradimento per come fai le foto?

In tal caso, potresti prendere in considerazione la vendita di foto e video online.

Mentre esistono molti ottimi servizi che forniscono gratuitamente online foto e video privi copyright, ve ne sono altri, che forniscono stock di video e foto a pagamento, il cui giro d'affari complessivo tocca vette da miliardi di dollari.

Inserendo i tuoi contenuti su siti di immagini stock come Shutterstock, riceverai un pagamento ogni volta che qualcuno scaricherà uno dei tuoi articoli.

Le immagini e i video di stock vengono normalmente utilizzati da blog, siti di notizie, canali YouTube, media mainstream, riviste, negozi online e altro ancora.

Anche qui, tieni presente che i contenuti da te inviati a questo tipo di marketplace dovranno avere due requisiti fondamentali:

- <u>Essere assolutamente originali</u>: tutti i marketplace che ti offrono di vendere sulla loro piattaforma le tue foto e i tuoi video hanno sistemi di sicurezza che rilevano immediatamente, all'atto dell'upload, la non originalità del contenuto proposto, escludendolo immediatamente dalla vendita (e nel caso di reiterazione del tentativo di caricare contenuti di altri, possono arrivare al blocco definitivo dell'account)

- Essere di altissima qualità tecnica: l'alta definizione è d'obbligo, anche perché siti come Shutterstock propongono i contenuti a prezzo crescente secondo la definizione desiderata dall'acquirente. E dunque, chi è disposto a spendere cento euro per comprare una tua foto la vuole ad altissima risoluzione.

Rivendere soluzioni di web hosting

All'inizio fu la rete, e immediatamente dopo il web hosting.

Il web hosting, essendo l'offerta da parte delle web farm di spazio nel quale ospitare i siti e le altre applicazioni in rete, rappresenta senza ombra di dubbio la prima e la più antica attività economica che sia stata esercitata in rete, come è naturale.

Subito dopo la disponibilità della rete, arrivò chi vendeva gli spazi in rete. Logico no?

Ne conseguì che la prima attività di ri-venditori (reseller in inglese), cioè di coloro che vendono il prodotto di un altro prendendoci sopra una commissione, sia stata quella di reseller di web hosting.

Stiamo, pertanto, parlando di una delle più antiche attività di rappresentanza, o di affiliate marketing che dir si voglia, esercitate nella rete.

Diversi possono essere i livelli ai quali un soggetto decide di impegnarsi in questa attività.

- Il livello di "referral" consiste nel portare, nel segnalare alla società di hosting il nuovo cliente, attività per la quale chi opera in posizione di affiliate riceverà una commissione per la prima vendita e per i rinnovi successivi
- Il livello di "reseller" (rivenditore) vero e proprio, che prevede un rapporto contrattuale

diretto del rivenditore con la società di hosting, che fattura lo spazio al rivenditore, per poi dare mano libera al rivenditore stesso di fornire tale spazio a tutti i soggetti che lo richiedono stabilendo un proprio listino di prezzi totalmente autonomo dalla casa madre.

La stragrande maggioranza delle società di hosting ha un programma di referral e un programma di reseller.

Mentre, fino a qualche tempo fa, i reseller avevano la responsabilità di creare un proprio sito web per offrire i servizi oggetto della rivendita, oggi le maggiori compagnie di hosting forniscono agli aspiranti reseller un sito già preconfezionato, per aiutarli nella loro attività.

Il programma per rivenditori GoDaddy, ad esempio, aiuta i reseller a creare una vetrina per il loro sito web di hosting e gestisce anche i pagamenti per loro.

E' un'attività impegnativa e richiede molto lavoro per essere avviata.

Oltre a ciò la concorrenza è tanta; ma se ben avviata, può dare soddisfazioni economiche inaspettate.

Acquistare e rivendere siti web e domini

Il trading di siti web è un grande business, uno dei più interessanti tra quelli che avvengono in rete.

Ogni anno, decine di migliaia di siti e domini vengono acquistati e venduti su marketplace come Flippa ed Empire Flippers.

Se sai creare siti web, puoi guadagnare creandoli, generando entrate, per poi metterli in vendita.

Si tratta di una strategia a basso rischio, poiché i costi di investimento sono bassi.

Il segreto per poter rendere interessante l'acquisto un sito web è realizzarlo di modo che sia il più autonomo possibile, e che non richieda per il suo esercizio un impegno quotidiano intensivo.

I siti a bassa manutenzione, nella maggior parte dei casi, vendono prima e a prezzi più alti.

Anche questa è un'attività che richiede un'ottima capacità di analisi dei siti e del loro mercato di riferimento, naturalmente da esercitarsi prima dell'eventuale acquisto.

Eseguire traduzioni online.

Parli più lingue, e a un ottimo livello?

La traduzione è qualcosa che le aziende, i professionisti e i privati cercano sempre.

Un'azienda, un professionista, non dovranno solo tradurre pagine di vendita ufficiali e articoli di notizie, ma anche documenti, materiale di marketing, comunicati stampa e altro ancora.

C'è una crescente domanda di traduttori anche su siti come YouTube, poiché i sottotitoli possono aiutare a generare visualizzazioni aggiuntive e aumentare il traffico di ricerca.

Puoi trovare lavori di traduzione su marketplace come Fiverr e Freelancer.

Come per la maggior parte dei lavori online, le tariffe variano notevolmente, e le aziende possono pagare su base oraria, per parola o per attività.

MASSIMO MASTRANGELO

Ha sempre lavorato nel campo della rete e delle telecomunicazioni in ruoli di product e program manager, analista e responsabile dell roll-out di grandi sistemi.
Ha applicato da sempre queste sue conoscenze al mondo del giornalismo e della saggistica, pubblicando per magazine e quotidiani di livello nazionale, e mandando in stampa alcuni saggi sull'analisi dei processi e sull'implementazione dei grandi sistemi gestionali.
Una delle sue passioni professionali è quella dello studio e dell'analisi approfondita di tutti i fenomeni tecnici e sociali che caratterizzano l'evoluzione della rete, e la conseguente evoluzione della società in simbiosi con i progressi tecnici della rete e delle telecomunicazioni in genere.
Realizza anche grandi siti web e applicazioni per smartphone.
Tiene abitualmente corsi avanzati sullo sviluppo nel

web e sulle applicazioni Android.

www.ingramcontent.com/pod-product-compliance
Lightning Source LLC
Chambersburg PA
CBHW070705240526
45472CB00023B/1484